Die Zukunft gehört den Mutigen

für meine Familie

yvonne kuschel

Die Zukunft gehört den Mutigen

Jacoby & Stuart

WIE MAN FREUNDE

GEWINNT

Er war ein scheuer, unsichere

Mann. Ich war sofort in ihn verliebt.

Sein leben lang
hatte er geträumt
dem Ruf
der Wildnis
zu
folgen

nie wieder

Mein

du solltest
wissen
daß Berge
und Täler
niemals
gleich
sein
können

in der Opium-Hölle

am Rande
des Abgrunds
ist die Aussicht
schöner

Wer hat den

CHON AM NACHMITTAG WAR GRAU DIE
BESTIMMENDE FARBE. NACHTS ZUVOR FIEL
DER ERSTE SCHNEE. IM MUSEUMSPARK,
WO ICH DEN SOMMER VERBRACHTE, WAR
ES STILL; ALLES GRÜN WIE AUSRADIERT.
DIE GÄRTNER, DIE DEN GANZEN HERBST
ÜBER EMSIG JEDES GOLDEN GEFALLENE
BLATT GLEICH DAVON TRUGEN, KAUM
HERBSTGEFÜHL UNTER DEN FÜSSEN ZU-
LASSEND, WAREN VERSCHWUNDEN.
NICHTS WIE WEG HIER, BEVOR ICH IN
MELANCHOLIE ERTRINKE!
FLÜGELREPARATUR STEHT IM SCHAUFEN-
STER MEINES LIEBLINGSGESCHÄFTS. ACH
HÄTTE ICH NUR FLÜGEL... ICH HABE IMMER
DAVON GETRÄUMT, DEM RUF DER WILDNIS
ZU FOLGEN!
NIMM MICH MIT, SAGTE DER NACHBAR ZUR
LINKEN, DER FISCHE LIEBTE. WIR KÖNNTEN
AUF'S MEER HINAUSFAHREN UND AUCH FÜR
DICH EINEN FISCH FANGEN! EIN FISCH
KANN DER BESTE FREUND SEIN, ER
WIDERSPRICHT NIE! UND: FISCHE HABEN
DIE SCHÖNSTEN TRÄUME...
ABER UM MIT IHNEN LEBEN ZU KÖNNEN,
MUSS MAN AM MEER BLEIBEN, SAGTE ICH,
UND ICH WILL IN DIE BERGE!
GEH NICHT, FLÜSTERTE MEIN FREUND, WIR
HABEN SO VIEL MITEINANDER ERLEBT--

WENN WINKEN MEIN BERUF WÄRE,
DACHTE ICH, KÖNNTE ICH DEN GANZEN TAG
AM FENSTER STEHEN UND WINKEN, ICH
KENNE FAST ALLE IM VIERTEL, EINE SCHÖNE
VORSTELLUNG... DANN WÜRDE ICH ABER
NIEMALS WEG KOMMEN VON HIER.
DEN BÄUMEN SAGTE ICH ADIEU, SIE BLIE-
BEN STUMM, STELLTEN SICH SCHLAFEND,
NICHT EINMAL EIN ÄSTLEIN ZITTERTE.
DER NACHBAR RIEF NOCH DIE TREPPE
RUNTER: GLAUBE MIR! DIE REALITÄT
SIEHT ANDERS AUS! ABER DA WAR ICH
BEREITS AUF DEM WEG INS UNBEKANNTE;
WER WILL SCHON SEIN LEBEN LANG
AM KÜCHENTISCH VERBRINGEN?
AN DER STADTGRENZE BEGEGNETE ICH
EINEM MIR GUT BEKANNTEN KATER.
REALITÄTEN... SCHNURRTE ER UND WÜNSCHTE
MIR VIELE SPANNENDE ABENTEUER. BALD
DARAUF TRAF ICH ZWEI BAUERNJUNGEN,
DIE AUS TIEFSTEN HERZEN LACHTEN, KAUM
HÖRTEN SIE VON MEINER SEHNSUCHT NACH
BERGEN. WIR BAUEN UNS ALLES SELBER,
WAS UNS FEHLT, SPRACHEN SIE, UND SIND
WIR GROSS, WERDEN WIR UNS ZWEI
PRINZESSINNEN BASTELN, MIT HERZEN
AUS ROSENHOLZ, DIE IMMER FRÖHLICH SIND
UND NIEMALS WEINEN, UND NIEMALS
WERDEN WIR DIESES HERRLICHE
FLECKCHEN ERDE VERLASSEN --

ICH FÜHLTE EINEN ZAUN UM MICH HERUM
WACHSEN UND SUCHTE AUF DER STELLE DAS
WEITE.
AUF DER RENNBAHN SASS EIN PFERD,
MUTTERSEELENALLEIN INNERHALB DES GROSSEN
OVALS. ICH LEISTETE IHM EIN WENIG GESELL-
SCHAFT, ABER DAS TIER HATTE KEINE TRÄUME
MEHR VON FREIHEIT UND WEITEN STEPPEN,
ES WAR NUR DARAN INTERESSIERT, DASS DER
JOCKEY WEITERHIN SEIN GEWICHT HÄLT.
EIN KLEINES MÄDCHEN, WELCHES AM STRASSEN-
RAND SPIELTE, ERZÄHLTE MIR VON SEINER
GROSSEN SCHWESTER, DIE IHRE TRÄUME
IMMERZU AUFSCHREIBT.
VIELLEICHT KANN SIE DIR EIN PAAR GUTE
TIPPS MIT AUF DEN WEG GEBEN, SAGTE
DIE KLEINE, SO GING ICH MIT.
TRÄUME SIND SCHÄUME, MEINE WELT
HOLE ICH MIR AUF'S PAPIER, WOZU SOLL
ICH MIR DIE SCHUHE LÖCHRIG LAUFEN?
ABER NIMM DEN HUND MIT, KNURRTE
DIE GROSSE SCHWESTER, ER WILL
STÄNDIG RAUS, DAS NERVT--

sieht die Realität
nicht
anders
aus?

DIE Edition Kunterbunt WIRD VON ARMIN ABMEIER HERAUSGEGEBEN.
Die Zukunft gehört den Mutigen VON Yvonne Kuschel ERSCHEINT IM AUGUST 2009.

DIE LITHOGRAPHIEN FERTIGTE DIE FIRMA typocepta IN KÖLN. DEN DRUCK AUF MUNKEN PURE BESORGTE DAS MEMMINGER MEDIENZENTRUM, DIE FADENHEFTUNG DIE BUCHBINDEREI CONZELLA/URBAN MEISTER IN ASCHHEIM-DORNACH.
© 2009 VERLAGSHAUS JACOBY & STUART, BERLIN. ALLE RECHTE VORBEHALTEN.
ISBN 978-3-941087-71-2
www.jacobystuart.de

Yvonne Kuschel, GEB. 1958 IN DANZIG;
1972 IN DEN WESTEN AUSGEWANDERT;
NACH STATIONEN IN PADERBORN, BIELEFELD, NÜRNBERG, HAMBURG UND BERLIN
SEIT 2003 IN LEIPZIG MIT FAMILIE ZU HAUSE.
STADTZEICHNERIN VON NÜRNBERG;
KULTURPREISTRÄGERIN DER STADT BIELEFELD;
VIELE SCHÖNE PUBLIKATIONEN,
U.A. 3 Tolle Hefte;
PROFESSORIN FÜR ZEICHNEN AN DER HOCHSCHULE FÜR GRAFIK UND BUCHKUNST IN LEIPZIG.